Jede Zeit
braucht ihren Raum…

ROSEL EBERT
KARIN ORTMANN

Jede Zeit
braucht ihren Raum…

KOMPOSITIONEN IN LYRIK UND PROSA
von Rosel Ebert

mit AQUARELLEN
von Karin Ortmann

Impressum:
© 2015 Rosel Ebert
Titel/Gestaltung/Typografie: Rosel Ebert
Aquarelle: Karin Ortmann
Herstellung und Verlag: BoD – Books on Demand, Norderstedt
ISBN 978-3-7392-2136-6

Inhalt

Zum Geleit   7

Winterliche Impressionen   9

Frühlingshafte Harmonien   19

Sommerliche Sinfonien   37

Herbstliche Fantasien   69

Weihnachtliche Weisen   85

Wir über uns   106

Tausendfache Sternschnuppenwünsche
warten auf ihre Erfüllung…

Zum Geleit

RAUM UND ZEIT

Jede Zeit braucht ihren Raum.
Sieh, des Lebens bunte Wiese –
wie ein Bäumchen wird zum Baum,
aus dem Körnchen wächst ein Riese.

Jeder Raum braucht seine Zeit.
Sieh, des Daseins steten Wandel –
heute noch im Blütenkleid,
morgen schon im Blättermantel.

ZUR JAHRESWENDE

In alten Zeiten,
als das Wünschen noch geholfen hat –
waren die Menschen glücklich.
Sie konnten die Angst vertreiben
und den Zweifel besiegen.

In alten Zeiten,
als das Wünschen noch geholfen hat –
waren die Menschen allmächtig.
Sie konnten das Elend verdrängen
und die Krankheit bezwingen.

In alten Zeiten,
als das Wünschen noch geholfen hat –
lag ein Zauber über der Erde.
Er konnte die Schatten erhellen
und die Herzen erfreuen.

Zur Jahreswende,
wenn das Wünschen wieder helfen kann –
holen wir all das zurück:
Wir werden die Angst vertreiben,
den Zweifel besiegen,
das Elend verdrängen,
die Krankheit bezwingen.

Der Zauber kehrt auf die Erde heim
und die Freude in unsere Herzen...

Winterliche Impressionen

EISMOND

Der Winter ist vom Schlaf erwacht
und springt voll Ehrgeiz aus dem Bett.
Väterchen Frost, im Frack aus Eis,
tanzt mit Frau Holle Menuett.

Der Gehweg wird zur Schlitterbahn;
Straßen und Gärten sind verschneit.
Der Arbeitsweg von Jung und Alt
gleicht einem Hürdenlauf nach Zeit.

Heizkosten klettern in die Höhe,
und Viren geh´n von Hand zu Hand.
So manches wohlbekannte Übel
setzt Neujahrswünsche in den Sand.

Doch dann, wenn Sonnenstrahlen winken
und Kinder einen Schneemann bau´n –
gefällt auch uns der kalte Winter,
und mancher wünscht, es möcht´ nie tau´n.

So bleibt der Mensch – ob Spaß, ob Frust –
auch weiter im gewohnten Tritt.
Er weiß, der Januar ist nur
vom neuen Jahr der erste Schritt.

AUSBLICK

Strahlend gold´ne Morgensonne
weckt das neue Jahr.
Kitzelt, schmeichelt, lächelt lieblich
wie´s noch niemals war.

Klitzekleines Silbersternchen
schmilzt auf deiner Hand.
Funkelt, schillert, tröpfelt lautlos
auf das weiße Land.

Zauberhafte Märchenwelten
grüßen königlich.
Frühling, Sommer, Herbst und Winter
warten auch auf dich…

WINTERKIND
geschrieben im Jahr 2003

Auf den ersten Blick wirkt das Mädchen – beinahe schon eine Frau – distanziert, fast unnahbar. Seit Jahren trägt sie mit Vorliebe schwarze Kleidung. Auch die ursprünglich blonden Haare hat sie – von einem kurzen Intermezzo abgesehen – diesem Farbton angepasst. Ein wenig gewinnt man den Eindruck, dass das Mädchen hinter dem Dunkel Schutz sucht und nicht wirklich wahrgenommen werden will.

Und doch zieht sie die Blicke auf sich: mit ihren feingeschnittenen Zügen, den tiefen braunen Augen, den kurzgeschnittenen dunklen Haaren und dem blassen Teint, der einen eindrucksvollen Kontrast bildet und sie mitunter etwas unwirklich erscheinen lässt.

Von allen vier Jahreszeiten liebt dieses Mädchen den Winter am meisten. Mit seiner Dunkelheit und Kälte zieht er es fast magisch an. Er gibt ihr Sicherheit und innere Wärme. Vielleicht, weil sie im Schein der Kerzen ein Stück Geborgenheit findet. Vielleicht, weil die Schneeflocken ihre Haut berühren, ohne weh zu tun. Vielleicht auch, weil sie ihren Körper schützend verhüllen kann. Oder vielleicht einfach nur, weil sie in einem Winter, den die Jäger als lang und hart vorausgesagt hatten, geboren wurde.

Ich fühle mich diesem Winterkind in seiner Einmaligkeit und Faszination verbunden. Das Gedicht, das ich für dieses Mädchen geschrieben habe, können nur wir beide richtig verstehen – sie und ich. Und es wird immer der Winter sein, der mir als Assoziation erscheint, wenn ich an sie denke.

VERSTECKSPIEL

Zerrissen
im Zwiespalt großer Gefühle.
Himmelhoch jauchzend,
zu Tode betrübt.

Wer bin ich?

Unscheinbar
im Lichte der Welt.
Um ein Vielfaches mehr
unter tiefschwarzer Hülle.

Ich spiele Verstecken
im Dunkel der Nacht.
Nur wer nach mir sucht,
der wird mich dort finden.

Mein Warten gilt dir -
spürst du es nicht?

SCHNEE VON GESTERN

Eisiger Aggregatzustand
Schneeflocken tanzen im Reigen
Hauche im Iglu ein Loch in die Wand
Tauch´ ein in das lustige Treiben

Glitzernde Sternchen rund um uns her
Wechseln schon morgen ihr Kleid
Fließen als Wasser in Bächen zum Meer –
ALLES HAT SEINE ZEIT

GEFÜHLTE TEMPERATUR

Ein Eisberg, vormals winzig klein,
wollt´ unbedingt der Größte sein.
Das Frieren kam ihm g´rade recht –
er wuchs in Kürze gar nicht schlecht.
Nun sieht man auf ihm Robben sitzen,
die vor Begeist´rung heftig schwitzen.

DIE MELODIE DES WINTERS

Der Winter
 stampft mit schweren Tritten.
Dumpf dringt sein Stöhnen
 an mein Ohr.
Er nähert sich
 mit großen Schritten –
aus dunklen Tönen
 wird ein Chor.

Ganz sacht
 fängt es jetzt an zu schneien.
Man hört die Flöckchen
 silberhell.
Und in die winterlichen
 Weihen
reih´n Glöckchen sich
 als Spielgesell´.

Ich möchte
 keinen Laut versäumen,
d´rum halt´ ich
 meinen Atem an.
Die Violine
 lässt mich träumen –
vom Frühling,
 der nun kommen kann.

WINTERLICHE IMPRESSIONEN I

Brandenburger Land

Verschneite Landschaft – Romantik pur!
Der See fest zugefroren – das Eis ein Glitzer-
rausch.

Spät lässt der Frühling sich erahnen. Schnee-
glöckchens Läuten lockt die Krokusse hervor.
Pünktlich zum Frauentag am 8. März erwarten
wir den grauen Reiher. Im Vorjahr schon spa-
zierte er tagaus, tagein am See entlang, von
Schwärmen wilder Enten angestachelt.

Bald kommen dann die anderen gefiederten
Gesellen von Süden her zu uns zurück.
Und kurze Zeit danach – das wissen wir – hat
dieses Brandenburger Land auch seine Störche
wieder.

WINTERLICHE IMPRESSIONEN II

Ostsee-Bad von innen und außen

Wohliges Hallenbad – Schwimmen im Wasser des Meeres, Schwitzen im Dampf der Sauna von Kräuterdüften getränkt.

Die Wärmebank lockert unsere Muskeln, bevor wir auf dem Wasserbett liegend unter dem Sternenhimmel bei mediterraner Musik Entspannung finden.

Wir wandern entlang schneeverwehter Dünen und meerbewegtem Scholleneis.
Wir wärmen uns auf mit Glühwein und genießen die fischbelegten Brötchen mal so und mal so.

Wir lassen uns durchschütteln vom altersschwachen „rasenden Roland".

Wir erleben eine Fantasiereise in Käpt´n Nemos Reich.

Wir haben teil am Quartierwechsel der Schildkröten des Stralsunder Meeresmuseums und – und – und…

Was will der Mensch noch mehr?

NARRENMOND

Unsagbar schnell vergeht die Zeit,
aus Stunden werden Tage.
Das Jahr verharrt im Winterkleid –
wie lang noch, ist die Frage.

Mit Narrentreiben ringsumher
versucht der Mensch sein Glück.
Allein – der Winter macht´s ihm schwer,
er weicht nicht gern zurück.

Doch, wer den Februar erfand,
der wusste, was er tat.
Ein kurzer Monat knüpft das Band
zur ersten Frühlingssaat.

Frühlingshafte Harmonien

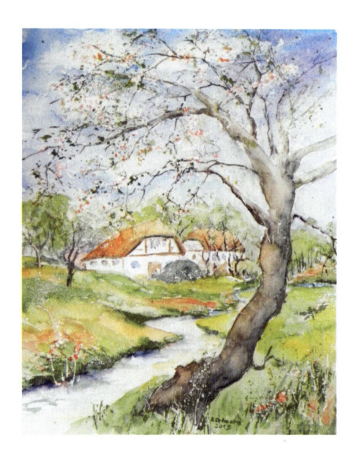

FRÜHLINGSGEFÜHLE
geschrieben im Jahr 2004

Frühling ist die Zeit des Aufbruchs. Das Wachsen und Gedeihen verbindet sich mit der tiefen Sehnsucht, all das, was vergangen ist, wieder zu finden.

Auch wir brechen auf zu einer Reise in den Frühling unseres Lebens: Rita, Udo, Helga und ich. Voller Erwartung suchen wir nach den Stätten unserer Kindheit. Keine andere Jahreszeit könnte dafür besser geeignet sein.

In unserer Fantasie erscheinen längst vergessene Bilder: eine Häuserreihe in Paunsdorf bei Leipzig. Der Großvater hat sie Anfang des zwanzigsten Jahrhunderts als Architekt entworfen und gebaut. Im Erdgeschoss befand sich die Wohnung unserer Großeltern. Wir erinnern uns noch gut: Ein offenes Fenster, Frühlingsluft dringt herein. Für uns gibt es kein Halten mehr. Der Hof lockt zum Verstecken spielen. Es grünt und blüht das Gärtchen hinterm Haus. Singend laufen wir um den Kirschbaum herum. Großmutter steht winkend auf dem Balkon.

Viele Jahre sind seitdem vergangen. Jetzt zieht es uns fast magisch zu diesem Ort. Ganz langsam fahren wir die Hauptstraße entlang. Links taucht der Bahndamm auf, an dessen Hang wir die ersten wilden Frühjahrsblumen pflückten. Ein Strauß für Großmutter, auf dem Heimweg fast schon verwelkt. Und doch bekam er einen Ehrenplatz im Wohnzimmer. Unverändert entdecken wir auf der rechten Seite die Kirche und das Denkmal zur Erinnerung an den Napoleonischen Krieg. Davor die kleine Mauer, an der der Weg sich gabelt. Großmutter wählte den kürzeren, uns reizte der längere. Stets waren wir es dann, die sie in Siegerpose am Ende der Mauer erwarteten. Inmitten einer Grünanlage finden wir auch das Rathaus wieder. Nach dem Krieg wurde auf den Flächen vor seinem Eingang Gemüse angebaut. Gleich dahinter die vertraute Straße. Mit klopfendem Herzen erkennen wir auf unserer Spurensuche die Häuser – fast so wie einst. Was für ein Augenblick! Bewegt und voller Freude sind wir am Ziel der Reise angekommen.

Im Inneren des Gebäudes hat der Komfort Einzug gehalten, doch der soliden Bausubstanz konnte die Zeit kaum etwas anhaben. Stolz über das Werk unseres Großvaters – und neugierig wie die Kinder – spüren wir alles auf, was erhalten blieb: Türen mit eingeschliffenem Glas, Treppen und Geländer aus schwerem Eichenholz. Selbst die hölzerne Teppichklopfstange, auf die wir trotz Verbot immer wieder kletterten, steht so wie früher im Hof.

Ein neuer Kirschbaum blüht und gibt uns das Gefühl, noch einmal jung zu sein. Kann es im Herbst des Lebens einen schöneren Frühling geben?

FLORA

Erwachte Natur
mit Vielfalt und Glanz
unendliche Flur
in schwebendem Tanz.

Dem Winde ergeben
dem Licht zugewandt
webt Flora im Garten
ein farbiges Band.

Tautröpfchen am Morgen
benetzen das Kleid
so spürst du den Pulsschlag
der kommenden Zeit.

LENZMOND

Wir seh´n des Monats beste Seite –
mit Wärme schmeichelt er sich ein.
Der Winter sucht voll Hast das Weite
und sei´s vielleicht auch nur zum Schein.

Schneeglöckchens Neugier steckt uns an,
der Gärtner eilt voll Schwung herbei.
In der Natur fühlt sich der Mann
beim Frühlingsläuten endlich frei.

Es zieht ein grauer Reiher schon
am kleinen Teich die Strümpfe aus.
Der erste Storch legt einen Sohn
den Nachbarsleuten vor das Haus.

Die Frau, die feiert ihren Tag,
der Mann bläst lauthals die Posaune.
So tut ein jeder was er mag,
in allerbester Frühlingslaune.

Und kehrt der Frost dann doch zurück,
denn auch dem März ist nicht zu trauen,
bleibt uns noch immer jenes Glück,
nach vorn auf den April zu schauen.

VOGELRUFE

Es zwitschern die Jungen:
„Der Frühling ist da!"
Von Alten – bedächtig –
vernimmt man nur „Krah!"

Dazwischen ein Knarren
und Tschilpen im Streit.
Kommt eher ans Ziel,
wer am lautesten schreit?

Sie eifern und drängen –
dann plötzlich ist Ruh´.
Frau Amsel stopft schnell mal
die Schnäbelchen zu.

IM FREIEN LAUF

Im Regenmantel die Sonne genießen
Zuschauen, wie die Blumen sprießen
Von Böen des Windes treiben lassen
Im freien Lauf an den Händen fassen
Lustvoll im Spiel einander necken
Von Tag zu Tag neu die Welt entdecken
Tun oder lassen, was immer man will –
APRIL! APRIL!

KAPRIOLEN

Das Wetter nimmt uns auf den Arm –
ganz unstet ändert es sich bald.
So ist der launige April:
einmal zu warm, einmal zu kalt.

OSTERMOND

Der Sommer fällt auf den Dezember,
der Winter erscheint im April,
das Wetter hebt ab vom Kalender –
nur ich darf nicht tun, was ich will!

Würd´ gern mich im Grase verstecken,
am liebsten ganz flach auf dem Bauch.
Käm´ einer und würd´ mich entdecken –
so wie es zu Ostern der Brauch!

NIKOL-EI

Ein Hase hüpft ins Osternest.
Er schaut und denkt: Nanu!?
Das gab´s noch nie bei diesem Fest:
Im Nest, da liegt ein Schuh.

Der Schuh gehört dem kleinen Klaus.
Hat sich der Bub geirrt?
Er wartet auf den Nikolaus –
vom Wetterfrosch verwirrt.

Doch ist der Hase superschlau,
versteckt im Schuh ein Ei.
Der Klaus betrachtet ´s ganz genau,
und nennt es „NIKOLEI"!!!!

VOGELSCHAU(ER)

Von Ostern hab´ ich jetzt genug,
 sag´ ich euch im Vertrauen.
Lehn´ mich zurück und schaue klug,
wie and´re Nester bauen:

Ein Star sitzt im Loch in der Mauer,
einst hat es der Specht freigelegt.
Ein zweiter liegt noch auf der Lauer
und schaut, was im Loch sich bewegt.

Der erste ist gänzlich verschwunden,
dann guckt frech das Köpfchen heraus.
Der Specht hatte einst sich geschunden,
besuchte nur kurz jenes Haus.

Wir haben ihn nie mehr gesehen;
die Stare, sie bau´n jetzt ihr Nest.
Dem einen ist Böses geschehen –
die anderen feiern ein Fest.

BELEHRUNG DER SCHWIEGERTÖCHTER
geschrieben im Jahr 2004

Nein, unterzukriegen ist sie wirklich nicht, die hochbetagte Frau, deren 90. Geburtstag in vollem Gange ist. Immer dann, wenn uns das Foto in die Hände fällt, auf dem wir gemeinsam mit ihr am 30. April des Jahres 1988 im Garten sitzen, erinnern wir uns an jenen Tag. Doch vor allem an unsere „Mammi", wie wir sie liebevoll nannten. Im Rückblick halte ich noch einmal fest, wie wir sie erlebten:

Während ihre beiden Söhne, die vier Enkel mit ihren Ehepartnern und die sechs Urenkel – zwei sollten später noch folgen – eine Verschnaufpause einlegen, nutzt sie deren Ruhezeit für ein zünftiges Gespräch mit uns, ihren Schwiegertöchtern.

Gehorsam wie immer sind wir zur Stelle und hören, was sie uns „jungen Frauen" Wichtiges sagen will. Die eine hat die Mitte der Fünfzig überschritten, ich, die andere, werde in Kürze fünfundvierzig. Trotzdem sind wir die „Jungen", die dieser ebenso strengen wie gütigen Frau Achtung und Respekt zollen. Sie weiß alles, und natürlich besser als wir, wie kann es auch anders sein. Immerhin verfügt sie über etliche Jahre mehr an Erfahrungen. Wer hat schon wie sie Anfang des zwanzigsten Jahrhunderts dem Kaiser von Angesicht zu Angesicht gegenüber gestanden, die Wirren der Weimarer Republik kennengelernt und die schwarze Nacht des Faschismus ertragen müssen? Durch zwei Weltkriege war sie heil gekommen, was fast an ein Wunder grenzt. Allein darüber könnte sie stundenlang erzählen. Ebenso über die Nachkriegsjahre, in denen sie die Hände nicht in den Schoß gelegt hat. Und vor allem über die arbeitsreiche Zeit an der Seite ihres Mannes in der DDR.

Jetzt aber geht es ihr um etwas anderes, als um diese stets wiederkehrenden Themen. Das Problem, welches unsere Mammi besonders bewegt, ist die Gesundheit ihrer Söhne. Stattliche Männer, die sich allmählich der 60 nähern und auf deren Ernährung wir zwei Frauen, wie sie findet, besser achten müssen. Der eine soll unbedingt mehr essen, der andere weniger. „Also, da müsst ihr euch kümmern", hören wir sie noch, als wäre es gestern gewesen. Spätestens an dieser Stelle ist uns auch klar, was kommt: Die richtige Hausmannskost muss es sein. Nur so hat sie ihren Mann vor Jahren bei Kräften halten können und später sein Gallenleiden „kuriert". Ich kenne die Geschichte schon längst aus den Kindheitserinnerungen meines Mannes.

In den ersten Jahren des zweiten Weltkrieges mussten er oder sein Bruder zur Entlastung der Mutter an schulfreien Tagen quer durch Berlin mit einem Henkeltopf aus Aluminium ziehen, um dem Vater das aus kargem Gemüse und wenig Fleisch bestehende Essen zur Arbeitsstelle zu bringen. 10 Pfennig Fahrgeld gab es nur dafür, der Obolus für einmal Straßenbahnbenutzung. Der ältere der beiden – stolzer Besitzer eines Fahrrades – war aus dem Schneider. Der jüngere, kaum älter als zehn, wusste: Eine Strecke muss im Lauf bewältigt werden; zwei, wollte er sich Taschengeld verdienen. Fast eine Stunde dauerte der Marsch. Aber der Vater hatte seine Mahlzeit, und dafür wurden die Blasen an den Füßen gern in Kauf genommen. Ich stelle mir vor, wie ich um eine Arbeitszeitverkürzung ersuche, damit ich meinen als Hochschulprofessor tätigen Mann regelmäßig mit selbstgekochtem kalorienarmen Essen versorgen kann; wie ich pünktlich zum Vorlesungsende mit dem Topf bei ihm erscheine usw. usw. ... Solche Überlegungen sind dann allerdings doch mehr als abwegig.

Ich bin geneigt, auf die Zeiten, die sich inzwischen erheblich geändert haben, zu verweisen. Der Schwägerin geht es ebenso. Aber natürlich wissen wir, dass Mammi es anders meint. Diese pflichtbewusste Frau fühlt sich noch in hohem Alter für die Familie verantwortlich, so wie ihr ein ganzes Leben lang das Wohl anderer Menschen am Herzen lag. Selbst ihr Ehrentag macht darin keine Ausnahme. Ein wenig sind wir beschämt, gleichzeitig steigt unsere Bewunderung ins Unermessliche. Wir sehen sie an – das faltenreiche Gesicht, die einprägsame Mimik. Kerzengerade sitzt sie da in ihrem dunkelblauen leichten Kleid, verziert durch einen kleinen weißen Kragen. Sie trägt die Perlenkette um den Hals, mit der sie uns stets besonders würdevoll erscheint. Vorsorglich liegt das Umschlagtuch bereit. Noch reicht die Wärme aus. Es ist ein wunderbarer sonniger Frühlingstag. Auch uns ist warm ums Herz, intensiv wie lange nicht. Voll Liebe und Verehrung sind wir ihr zugetan. Nichts wünschen wir uns sehnlichster, als dass sie weiter so rege bleiben möge.

Doch das Schicksal sollte unseren Wunsch durchkreuzen. Ihr letzter eindrucksvoller Auftritt findet an jenem Abend statt, an dem sie das 90. Lebensjahr vollendete. Inmitten der ganzen Familie sitzt unsere Mammi, Omi und Ur-Omi stolzen Hauptes auf einem Barhocker und prostet jedem einzelnen lächelnd zu. Ein Augenblick, der uns unvergessen bleiben wird. Knochenbrüche folgen und fesseln sie an den Rollstuhl. Dessen ungeachtet schafft die Hochbetagte es mit eisernem Willen, dass sie den 95. Geburtstag noch erleben kann.

Heute sind wir nun wirklich die „Alten". So manches Mal ertappen wir uns dabei, wie wir ihren Rat in Gedanken suchen. Dann stellen wir uns die Frage, was „Mammi" wohl tun würde. Klein und zerbrechlich mit schlohweißem Haar bleibt sie in unserer Erinnerung und doch war sie in ihrem Wesen und ihrem Geist bis zum Ende eine große Frau.

WONNEMOND

Es grünt so grün – welch eine Wonne –
und blauer Himmel, wunderbar!
Der Mai spielt Fangen mit der Sonne,
wie ein total verliebtes Paar.

Die Biene schwärmt vom Fliederbaum,
sie summt im Takt mal laut, mal leise,
und schleckt im Mai am Blütentraum –
so ganz vergnügt auf Immenweise.

Vom Maienzauber inspiriert
wird es Herrn Drossel endlich klar:
Selbst, wenn Frau Amsel sich leicht ziert –
mit ihr will er zum Traualtar!

Das Heideröslein macht sich frei –
noch ist der wilde Knabe weit;
doch ruft die Liebe ihn herbei
zur wunderschönen Maienzeit.

Maiglöckchen läuten silberhell,
von blauen Glocken hallt es wider.
Ein Lerchenchor singt „Jingle Bell" –
es klingt wie tausend Liebeslieder.

So kommt der Mai mit Lust daher,
er bringt gar manche Dinge –
und willst Du noch ein bisschen mehr,
dann nimm die Schmetterlinge…

STANDORTBESTIMMUNG

Drei Weise grübeln Tag um Tag,
es rauchen schon die Köpfe,
wo wohl die Liebe sitzen mag
im menschlichen Geschöpfe.

Nur ein Organ scheint übervoll
von Liebesfreud und -schmerz,
es klopft heut wild, hüpft morgen toll –
das wundersame Herz.

Doch nein, jedwedes Liebesspiel
hat einen andern Brauch,
kein Schmetterling verpasst sein Ziel –
zu flattern durch den Bauch.

Wer wechselhaft, mal tief verstört,
mal jauchzt aus voller Kehle,
der weiß, wo Liebe hingehört –
ganz tief nur in die Seele.

Die Weisen grübeln immer noch,
doch würden sie dich fragen,
dann sagtest du als Meisterkoch:
Die Liebe sitzt im Magen!

ANMERKUNG:
Manchmal macht sich die Liebe rar,
doch bleibt es nicht dabei.
Sie packt den Menschen ganz und gar
im Wonnemonat Mai.

SCHAFBERG IM MAI

Sonnenflecken –
goldgelb getupft
auf zwitschernden
Wiesen.

Schecken, Perlmutter
tanzen im Wind
Bergheilwurz
schaut zu.

Häuser –
wie Spielzeug
am Fuße verstreut
mal hier und mal da.

Schäfchen
am Himmel
Schwalbenschwänze
und Schwanenhälse…

Die Eule –
sie wacht!

MÄRCHEN AM MÜGGELSEE

Eine kleine Libelle am Uferweg
führt uns zu der Stelle, wo einst ein Steg
dem Angler sein stilles Plätzchen bot.
Hier saß er in aller Hergottsfrüh´,
sprang aus dem Bett fast ohne Müh´
schon längst, bevor das Morgenrot,
die Segler aus der Koje trieb.

Auch uns ist diese Stille lieb,
wo die Natur sich selbst gehört;
wo Blässhühner und graue Reiher
von keinem Radiolärm gestört;
wo Partymüll von Schmidt und Meier
den jetzt noch unberührten Strand
in seiner Einsamkeit verschont.

Für jenes Stückchen See und Land
hat sich das Kommen heut´ gelohnt.
Beim Schritt in die Vergangenheit –
in lang´ vergess´ne Kinderzeit,
wird uns das Herz unendlich weit!
Die kleine Libelle am Uferweg
fliegt mit einer Welle zum anderen Steg…

Sommerliche Sinfonien

ROSENMOND

Ihr Liebster ist der Sommerwind,
er will sie sanft berühren;
das längst ergraute Junikind
ließ sich so gern verführen.

Er schenkt ihr buntes Sommerflair
gezupfter Rosenblätter;
bringt weiße Wölkchen von weit her
und wohlig laues Wetter.

Zaunwinde ganz besond´rer Art
erscheint in seinem Namen;
gefüllte Blüten prangen zart
im grünen Blätterrahmen.

Das Lüftchen weht – ihr Herz wird weit;
sie fühlt sich wie auf Schwingen
und weiß, im Juni ist es Zeit,
des Sommers Lied zu singen.

REGENBOGEN

ein Regenbogen
am Sommerhimmel
ist wie das Spiegelbild
deines Lebens:

spektralfarben
verwobenes Sein –
wandelbar
ohne Übergang
verschwunden
im Nichts…

GEDANKEN IM MORGENGRAUEN

Die Gartenbank gewährt dir den Blick
auf das Erwachen am Morgen.
Der Tag beginnt recht friedlich und still
in Güte so ganz ohne Sorgen.

Es strecken am Teich die Frösche sich aus,
sie wollen die Ruhe nicht stören.
Sanft fallen der Rosen Blüten herab,
kein einziger Laut ist zu hören.

Bald treiben die Schwalben ihr lustiges Spiel
am Himmel, noch eh man´s gedacht.
Das tägliche Wunder geschieht wie von selbst,
wenn Flora und Fauna erwacht.

Die Morgenfrische, fast Kälte noch,
gleicht jetzt dem Atem der Zeit.
So wie die Nacht dem Tage weicht
bist du zum Leben bereit.

Das Licht der Sonne breitet sich aus,
die Blumen trinken vom Tau.
Die Blätter zeigen allerlei Grün,
vom Himmel strahlt ´s weithin Blau.

Und Klatschmohn dazu, in leuchtendem Rot,
von Hummeln emsig umschwärmt.
So hat dieser Tag wie niemals zuvor
dein Herz und die Seele erwärmt.

WANDERN

Gehen
durch Wiesen.

Aus Blau und Gelb
wird Grün.

Weiße Wölkchen
am Himmel.

Die Sonne
im Nacken.

Den Wind
um die Ohren.

Und Blütenduft
von Jasmin...

Laufen
der Nase nach.

Die Melodie des Schrittes –
ein verborgenes Lied.

HEUMOND

Die Jungfrau im Heu?
Na, das ist nicht neu!
Erst gibt sie sich scheu –
Ist er ihr auch treu?

– – –

Der Mond scheint in´s Heu…
AU oder JOY?!

GESCHENKTES SOMMERGLÜCK

Ich schenke dir die weiße Wolke –
ein Wattebällchen, gar nicht schwer.
Dann noch dazu ein Stück vom Himmel,
so blau in blau – was willst du mehr?

Ach ja, ein Säckchen voller Träume
und Freudenperlen ungezählt.
Ein großes Herz mit sehr viel Liebe
hab ich allein für dich erwählt.

Die grüne Wiese voller Blumen
schmückt wundervoll den Gabentisch.
Und obenauf ganz in die Mitte
leg ich am Ende auch noch mich.

JULI – MARITIM

Hey Juli, schönste Reisezeit,
kein Mensch bleibt gern zu Hause.
Es lockt die Welt, recht bunt und weit –
der Arbeitsstress hat Pause.

Wir fahren einen Tag ans Meer
von Freunden eingeladen.
Rasch mit dem Bus mal hin und her –
als Ostsee-Tripp auf Raten.

So wird es eine Schnuppertour –
wer will sie uns verwehren?
Wir folgen der Gefährten Spur
in maritime Sphären.

Der Norden liegt dem Mann im Blut,
die Frau schwebt wie auf Wellen.
Ihr Schiff wird selbst bei stärkster Flut
an keinem Fels zerschellen.

Wer Mecklenburg erwählt wie sie,
hat es ganz selten eilig.
Was kommt, das kommt – jetzt oder nie;
die Ruhe ist ihm heilig.

Es läuft die Uhr aus feinem Sand,
dann heißt es: Anker heben!
Wir fahr´n zurück zum Heimatland,
ins wahre Großstadtleben.

ABENDS AM MEER

Die Sonne geht unter,
ich denke an dich.
Ihr Bild einzufangen,
das batest du mich.

Als Gruß wie zum Abschied
für dich ganz allein:
Der Himmel – ein Prachtstück
im rotgold´nen Schein.

Zur Dämmerung schwinden
die Spuren im Sand.
Nur du und die Stille
verweilen am Strand.

Selbst dort jene Buhne
steht ruhig und leer.
Kein einziger Vogel
fliegt jetzt noch umher.

Doch siehst du die Wellen?
Sie eilen geschwind,
im Traum dich zu wiegen
so sanft wie ein Kind.

Dereinst wirst du kommen,
um alles zu seh´n.
Glaub fest an ein Wunder,
dann muss es gescheh´n!

EIN ORT DER EINKEHR
geschrieben im Jahr 2005

Ich liebe dieses Fleckchen Erde. Wir haben es für uns entdeckt – du und ich: das Haus hinterm Deich. Ein idyllischer Platz der Erholung und Entspannung. Hier können wir das hektische Leben vergessen, die Landschaft und uns selbst genießen. Jedes zweite Jahr zieht es uns erneut an diesen Ort und immer ist es wie eine innere Einkehr. Unser Besinnen auf das, was war, wird ebenso zum Suchen und Finden, wie zum Aufspüren von Neuem. Begleitet vom Erstaunen über den Bestand und die Veränderung der Natur...

Zufrieden, die vertraute Umgebung wieder zu finden, nehmen wir gemeinsam Stufe um Stufe zu unserem Zimmer unterm Dach. Der Blick aus dem Fenster ist unverändert. Kann es sein, dass wir Monate abwesend waren? Direkt unter uns der kleine Teich, die weiße Bank und die ein wenig kitschige Ente aus Stein – sie gehören ebenso dazu, wie der alte schiefe Kahn auf der Wiese vor dem Deich, der immer mehr das Zeitliche segnet.

Wir werfen einen Blick über das Wasser, streifen kurz die Schwäne und schauen zur anderen Seite des Ufers. Bald werden wir auch diesen Teil der

Insel ein weiteres Mal erobern. Die Erwartung treibt uns. Kaum angekommen, gehen wir auf Wanderschaft. Gleich hinter dem Haus – Natur pur. Was für ein Glück, dass der Verwüstung hier Einhalt geboten wird. Mit jedem Sinn tauchen wir ein in die duftenden Wiesen, können uns nicht satt sehen an dem Gelb des Ginster, den dichten Hecken mit rosaroten Rosen und den blauen Blumen, deren Namen ich immer wieder vergesse und die wir in einer solchen Fülle nur hier finden – verwurzelt mit dem Sand des Bodens. Diese Blume, die nicht gedeihen wollte in unserem Garten – erinnerst du dich?

Und wieder: Schritt für Schritt steigen wir den Berg hinauf, wagen einen Blick über den Rand der Steilküste und finden auch diesmal die Schwalbennester in den felsigen Wänden. Ganz unten locken die Steine. Ihre Ansicht lässt meine Sammlerleidenschaft ebenso erwachen wie meine Fantasie. Das bin dann wieder ganz und gar Ich-Selbst! Noch verwehrt mir die Anhöhe den Zugriff, aber später am Strand begebe ich mich auf die Suche. Schon jetzt wissen wir, dass ich fündig werde: Hühnergötter und Steine in Vogelgestalt für meine Sammlung sind mir am liebsten. Schon längst hast du es aufgegeben, mich davon abzuhalten, die besten Stücke mitnehmen zu wollen. Meine Freude wird auch deine Freude.

Hier sind wir glücklich und dieses Glück begleitet uns die ganze lange Urlaubszeit. Ein wenig noch danach. Dann hat der Alltag uns eingeholt. Das Glück wird kleiner und seltener. Doch bald - spätestens im übernächsten Jahr – finden wir es in voller Größe wieder...

MITBRINGSEL

Was ich dir mitbringe,
möchtest du wissen?
Mein Schatz, darf es
etwas Besonderes sein?
Ich schöpf´ dir den Schaum
von den Wellenkissen
und siebe voll Eifer
Sandhäufchen recht fein.

Ich fange für dich
der Möwen Geschrei
und den Atem
vom Spiel des Windes ein.
Bring´ Hühnergötter,
gleich ihrer drei,
wie Vater, Mutter
und Kindelein.

Der Luftballon, den ich
aus Tangblasen schuf,
eilt schnell diesen
Gaben voraus.
Und wenn du ganz still bist,
erreicht dich mein Ruf:
Schon bald bin ich
wieder zu Haus.

MOONLIGHT – NIGHT IN ITALIANO

Das Schloss versinkt im Dämmerschein –
die Musen sind erwacht.
Wir geben uns ein Stelldichein
in lauer Sommernacht.

Das alte Schloss, sonst Grau in Grau,
ist farbenfroh erhellt
im Wechselspiel von Rot-Gelb-Blau.
Und Moonlight – wie bestellt!

Ein Duo singt, so wohl bekannt,
von Liebe und von Leid.
Es führt uns in ein fernes Land
und in vergang´ne Zeit.

Die Nacht wird kühl, wir spür´n es kaum,
so stimmungsvoll beschwingt.
Es ist der Violetta Traum,
der in uns weiter klingt:

*„Liebe, ach Liebe,
allmächtiges Zauberwort..."*

MOST HEISST BRÜCKE
geschrieben im Jahr 2005

Es ist wie ein Märchen aus Tausendundeiner-Nacht – der Orient inmitten von Europa. Hier scheint die Zeit stehen geblieben zu sein. Unverändert nehmen wir das schon längst zum „Muss" für jeden Touristen gewordene Türkische Haus Kajtaz aus dem 18. Jahrhundert, die noch um einiges ältere Moschee auf dem felsigen Ufer des Neretva-Flusses, das Minarett, von dem pünktlich zur Mittagsstunde der Ruf des Muezzin zum Gebet ertönt, die türkischen Restaurants und die Atmosphäre orientalischen Treibens wie auf einem Basar in der Altstadt wahr. So haben wir Mostar, die einzigartige Stadt inmitten von Bosnien-Herzegowina, schon einmal erlebt. 18 Jahre ist unsere Jugoslawienreise her. Und doch kommt uns alles so vertraut vor, als wäre es gestern gewesen.

Dann endlich sehen wir sie: Most – die Alte Brücke, die in ihrer Ursprünglichkeit der Stadt zu ihrem Namen verhalf. Sie ist es wirklich, ganz so wie früher. Und doch wissen wir, dass vor uns nicht die alte, sondern eine neue, erst im vergangenen Jahr wieder eröffnete Brücke steht – die „Neue Alte Brücke" wie sie von den Einheimischen jetzt genannt wird.

Für einen Moment vergessen wir das Schicksal dieses Bauwerkes. Die Ähnlichkeit mit dem vorherigen fasziniert und besänftigt uns. Der schwungvolle Bogen, die im grellen Sonnenlicht spiegelglatt erscheinenden Steine, wecken Erinnerungen. Die Sorge auszurutschen überkommt mich. Habe ich mich nicht gerade deshalb damals beim Überqueren der Brücke ängstlich an meinem Mann festgehalten? Da helfen auch die stufenähnlichen Erhöhungen nur wenig. Vorsicht scheint geboten! Unter Verwendung des Urmaterials ist es den Erbauern der Neuzeit tatsächlich gelungen, den Eindruck von im Laufe der Jahrhunderte durch tausend und abertausend Füße blankgetretenen Steinen wiederzuerwecken. Stück um Stück konnten die Trümmer der zerstörten Brücke aus dem Fluss geborgen werden. Mit der gleichen Sorgfalt ging man daran, weitere Teile aus einem Felsen in der Nähe der Stadt zu schlagen.

An dem Steinbruch, 5 km südlich Mostars, aus dem schon im 16. Jahrhundert die besondere Steinart Tenelija herbei geschafft wurde, sind wir erst heute wieder vorbei gefahren. Wie war das doch damals vor langer Zeit? In der Touristischen Monographie ist zu lesen: „Als die Türken Mostar eroberten, befand sich in unmittelbarer Nähe der heutigen Alten Brücke eine andere, noch ältere

Holzbrücke, die an Ketten hing, und von den Türken eine Zeitlang benutzt wurde. Da sie jedoch Mitte des 16. Jahrhunderts schon dem Verfall nahe war, baten die Bürger von Mostar die Verwaltung in Konstantinopel, den Bau einer neuen Brücke aus besserem Material zu genehmigen."

Wir lesen weiter, dass einer der größten türkischen Baumeister des 16. Jahrhunderts den Plan erstellte, nach dem die Alte Brücke errichtet und im Sommer des Jahres 1566 fertiggestellt wurde. Es war die engste Stelle der Neretva, und doch betrug die Spannweite der Brücke – bestehend aus einem großen steinernen Bogen – 28,70 m, ihre Breite 4,49 m. Der Abstand vom Wasserspiegel im Sommer wurde mit 21 m gemessen. Wir erfahren, dass die Steinblöcke durch eiserne Haken miteinander verbunden und dann mit Blei zugegossen wurden. Bekannte Steinmetze und Maurer aus Dubrovnik und der Umgebung waren bei dem Bau beschäftigt. Auf dem Stützbogen der Brücke am linken Flussufer wurde die arabische Inschrift eingemeißelt: „KUDERT KEMERI" – die Kraft des Wassers.

Nichts finden wir in diesem Reiseführer über die Kraft der Menschen, die vor Jahrhunderten mit einfachen technischen Mitteln die Errichtung dieses einmaligen Bauwerkes möglich machten. Nichts über den Schweiß, das Blut und die Tränen – Markenzeichen der Arbeit unter türkischer Herrschaft. Sie verbanden sich mit dem Stein, dem Sand, dem Blei und dem Wasser und wurden ein Teil dessen, was „als Wunderwerk der Baumeisterkunst und der türkischen Architektur" beschrieben wird. In den Türmen auf beiden Seiten der Brücke wachten die Brückenwächter. Rechts und links der Neretva, mit der Brücke als Bindeglied, wuchs die Stadt. Die heimische Bauweise und der europäische Lebensstil verschmolzen mit der Kultur des Orients. Und all das ist ohne die Brücke nicht denkbar.

Die Alte Brücke. Sie wurde erbaut für die Ewigkeit. Noch nach Tausenden von Jahren sollten Menschen sie betreten und bewundern können. Sie sollten mühelos den Fluss überqueren, um von einem Teil der Stadt in den anderen zu gelangen. Sie sollten auf dem Zenit der Brücke verweilen können für einen unvergleichlichen Blick über das Wasser, die Berge und die Stadt. Tatsächlich kamen Reisende aus aller Welt, um sie zu sehen – 400 Jahre lang. Doch plötzlich sollte alles ein Ende haben. Die Menschen hatten vergessen, dass sie in Frieden und Eintracht leben wollten. Sie hatten die Gemeinsamkeiten aus dem Auge verloren. Im letzten Jahrzehnt des vergangenen

Jahrhunderts schien es nichts mehr zu geben, was sie verband. Serben, Kroaten, Bosnier begannen, gegeneinander Hass und Zwietracht zu säen. Alte und junge Menschen, Männer, Frauen und Kinder wurden getötet, das Erbe der Väter in Trümmer verwandelt. Es gab keine Achtung mehr vor dem, was Generationen geschaffen hatten. Nur die schützende Hand des Zufalls bewahrte manche Hinterlassenschaft vor dem Untergang.

Drei Jahre dauerte dieser widersinnige Krieg, der selbst die Alte Brücke nicht verschonte. An jenem schicksalsschweren Tag lag die Hand des Zufalls auf einem anderen Stück der Stadt. Vielleicht auf dem alten türkischen Haus oder einer Moschee, die unversehrt geblieben sind. Auf der Brücke aber lag sie nicht. Und so traf es jene wie der Blitz. Dann, im Donner der Granaten, sah man das Wunderwerk türkischer Baumeisterkunst fallen. Und bis heute kann niemand genau sagen, wer letztendlich der Alten Brücke das Rückgrat gebrochen hat. Doch wir, die wir sie kannten und bewunderten, waren fassungslos. Zu dieser Zeit glaubte niemand daran, sie jemals wiederzusehen.

Und jetzt stehen wir vor ihr. Geldmittel der Weltbank und der UNESCO hatten es möglich gemacht. Wir betreten die glänzenden Steine wie früher, drängen uns mit anderen Touristen um die jungen Männer, deren Sprung in die Tiefe auch heute wieder zu einer besonderen Attraktion geworden ist. Wie damals stehen sie bereit. Uns schaudert bei dem Gedanken, ein solches Wagnis eingehen zu müssen, aber diese Männer wissen, was sie tun. Man könnte meinen, dass ein Sprung ins kühle Nass an einem heißen Sommertag nichts als Vergnügen ist. Doch selbst im November stehen sie hier und lassen sich den Sprung bezahlen. Was sonst auch können diese Männer tun? „Geben Sie ihnen 1 Euro", sagt die Reiseleiterin, „es ist ihr einziger Broterwerb. Wenn sie 10 oder mehr Euro zusammen haben, springt einer von ihnen."

Ich werfe 2 Euro in den Hut. 2 Euro reißen kein großes Loch in unsere Reisekasse. Der junge dunkelhäutige Mann mit dem entblößten athletischen Oberkörper ruft seinem Partner den Betrag erfreut zu. Mich verweist er zum Dank auf einen besonders guten Fotoplatz seitlich, ein wenig unterhalb der Brücke. Allerdings ahne ich schon vorher, was kommt: Bevor ich über die spiegelglatten Steine „geschlittert" bin, schwimmt der Springer schon längst in der Neretva. Schade! Immerhin habe ich ein gutes Werk getan. Das zählt vor allem. Obwohl ich mir ein wenig vorkomme, wie „die reiche Tante aus dem Westen". 1987 – mit einem winzigen Betrag der für DDR-Touristen bereitgestellten kostbaren Devisen ausgestattet – mussten wir unser Geld zusammenhalten.

Der Vergleich stimmt mich nachdenklich. Es gibt also doch Umstände, die neu sind. Die hohe Arbeitslosigkeit, die – ähnlich wie in Deutschland – selbst vor jungen Männern nicht halt macht, gehört dazu. Auch die zerstörten und mit Einschusslöchern versehenen Häuser außerhalb der Altstadt gab es 1987 nicht. Zehn Jahre nach Ende des Krieges sind die Menschen der Stadt noch immer nicht wieder vereint. Zwei Universitäten rechts und links der Neretva mit unterschiedlichen Sprachen – eine für Kroaten, die andere für Bosnier – sprechen Bände.

Nach und nach werden die sichtbaren Trümmer beseitigt. Doch die Trümmer in den Köpfen und den Herzen sitzen tiefer. „Noch ist es nicht viel mehr als ein gegenseitiges Dulden", hören wir von der Reiseleiterin, „aber ganz langsam wachsen wir wieder zusammen." Immer hatte sie hier ihr Zuhause. In einer Stadt, wo Bosnier und Kroaten familiär, freundschaftlich und in einträglicher Nachbarschaft verbunden waren, schmerzt all das besonders. Sie erinnert sich an die Jahre des Krieges, die Monate ohne Strom und Wasser, die Ängste, die Not.

„Warum?" fragt diese Frau. „Die Menschen, die

hier friedlich gelebt haben, wollten das nicht. Andere haben den Hass geschürt...". Und dann verabschiedet sie sich doch mit den hoffnungsvollen zuversichtlichen Worten: „Sehen Sie die Brücke. Das Wahrzeichen dieser Stadt ist wieder da. Vielleicht ist es nur der erste Schritt. Aber auch das andere wird sich finden. Ganz bestimmt...!"

NOCH EINMAL...

Träumen
von des Oleanders
karminroter Blüte;
von der Zikaden
zirpendem Ruf;
von dem kühlen Schatten
der Oliven im Hain.

Träumen
von der Adriabucht
an türkisblauem Meer;
von der Taverne
rotgold´nem Wein;
von den heißen Nächten
des Südens mit dir.

Noch einmal
all das erleben dürfen!
Was ist vergangen –
was Wirklichkeit?

SONNTAG IN STARI GRAD
geschrieben im Jahr 2005

Stari Grad – Alte Stadt. Ein Kleinod der Insel Hvar. Unverwechselbar gehören sie zu dem, was man „Kroatien" nennt: die Stadt, ihre Sehenswürdigkeiten und die Menschen. Wer nach Stari Grad kommt, kann sich von dem mediterranen dalmatinischen Flair, den mittelalterlichen Steinbauten und dem Hafenambiente dieser kleinen Stadt am Ende einer Bucht auf der nordwestlichen Seite der Insel Hvar gefangen nehmen lassen. Er kann die Gelassenheit der Menschen zu seiner eigenen machen. Ob in Restaurants und Weinstuben, auf dem Markt und in Läden, am Bootsverleih oder anderswo – in aller Ruhe gehen sie ihren Geschäften nach. Nur ganz selten werden die Touristen umworben, wie etwa an der Uferstraße mit dem stereotypen Ausruf: „Rent a Boat!" – Miete ein Boot!

In Stari Grad hat die Arbeitswoche sieben Tage. Wer einkaufen will, kann das auch an den Sonnabenden und Sonntagen tun. Man könnte meinen, dass so ein Tag dem anderen gleicht. Doch der Schein trügt. Auch hier an diesem Ort behält der Sonntag seine Besonderheit. Weithin sind die Glocken der im 17. Jahrhundert erbauten Pfarrkirche des Heiligen Stephan zu hören, die zur sonntäglichen Messe einladen. 10.00 Uhr. Wer dem römisch-katholischen Glauben angehört und irgendwie abkömmlich ist, findet sich ein – Männer und Frauen, Jugendliche, Mütter mit ihren Kindern. Selbst der Kinderwagen erhält hier seinen Platz. Auf den Bankreihen knien junge Menschen neben älteren. Sie lauschen den Worten des Priesters. Von Zeit zu Zeit stimmen sie in den Gesang ein. Ist es Pflicht, Tradition oder das Bedürfnis nach innerer Einkehr? Eine dalmatinische Familie hat ihre eigenen Regeln. Von den Vorfahren werden sie an die Nachkommen weiter gegeben. Um die religiösen Gepflogenheiten scheint auch der moderne westeuropäische Einfluss einen Bogen zu machen. Die Alten haben es vorgelebt, jetzt sind die Jungen an der Reihe...

Die Alten? Tatsächlich scheinen die Überachtzigjährigen von dem Gedränge in den Kirchenbänken allmählich genug zu haben. Sollen doch die Jüngeren gemeinsam beten! Ohnehin wurden sie von Gott mit einem langen Leben bedacht. Der Sonntag ist ihnen heilig, doch ihr Platz ist ein anderer geworden.

Jeder Tourist, der am Sonntagvormittag auf der Uferstraße wandelt, kann sie sehen. Viel Raum beanspruchen sie nicht gerade. Und doch scheint es der beste Platz zu sein, den Stari Grad zu bieten hat: zwei Bänke direkt am Hafen. Wer darauf sitzt, kann seinen Blick über das Wasser der Adria, über Motor- und Segelboote, über alte und neue Gebäude, über Palmen und Tamaris, über Oleander und Weinberge schweifen lassen. Er kann das Kreuz auf dem Gipfel des Berges oberhalb des rechten Ufers ebenso wahrnehmen, wie die ehrwürdige Kirche, das Dominikanerkloster und die kahlen Berghänge auf der linken. Er kann das Hantieren der Händler verfolgen und sich an der Begeisterung der Besucher weiden. Er kann die Touristen beobachten und ihre Gewohnheiten studieren. Er kann die Hüte der Frauen und die Beine der jungen Mädchen bewundern. Und er kann das tun, was ihm zukommt – in aller Ruhe die Zeitung lesen und schwatzen mit seinesgleichen. Über Gott und die Welt. Über Gestern und heute. Über das Morgen sollen sich andere den Kopf zerbrechen...

Wer an einem Sonntagvormittag im heißen Sommer des Südens einen Platz auf diesen zwei Bänken im kühlen Schatten am Hafen in Stari Grad sein Eigen nennen darf, der hat ihn sich wahrlich verdient. Der hat ein langes verantwortungsvolles Leben hinter sich. Der hat eine Familie gegründet, Söhne und Töchter großgezogen und Kriege überlebt. Dessen Gesicht ist zerfurcht von den Runzeln des Alters, die Haut dunkelbraun und gegerbt von Sonne und Wind. Wer zu dem Kreis der Auserlesenen gehört, der ist sich der Achtung seiner Mitmenschen bewusst. Er wird mit Würde behandelt. Was er sagt, hat Gewicht. In der Familie, bei Freunden und Nachbarn. Denn das, was jeden, der hier sitzen darf, vor allem auszeichnet, ist nicht nur die Erfahrung eines langen Lebens. Das, was ihm in erster Linie die Achtung und den Respekt seiner Mitmenschen einbringt, ist alles andere als sein Verdienst. Es ist das Kostbarste, was ihm in die Wiege gelegt wurde: die unumstößliche Tatsache, als M a n n geboren zu sein!

Doch kann er sich deshalb auf seinen Lorbeeren ausruhen? Mitnichten. Was ein Mann in Kroatien zu tun hat, wurde schon vor Generationen festgeschrieben. Es ist so wichtig, dass man sich niemals – in keinem Jahr seines Lebens – davon ablenken lassen darf. Die Alten nehmen jene ihnen zugedachte Aufgabe ernst. Daran gibt es nicht den geringsten Zweifel. Nur deshalb sitzen sie an jedem Sonntag auf ihren Bänken am Hafen. Nur deshalb wagen sie es, der Messe fernzubleiben.

Würde ein Tourist sie danach fragen, käme die Antwort ganz sicher wie aus einem Mund: „Es ist die Aufgabe der Männer zu beobachten, die der Frauen zu arbeiten!" Und noch bevor der Fragesteller in der Lage sein wird, diese „Weisheit" voll zu erfassen, würden sie hemmungslos lachen wie die Kinder...

Oh Stariki, was wäre Stari Grad ohne Euch!

SOMMERSPEKTAKEL

Leuchtendes All
bei nachtschwarzem Himmel.
Perseidenschauer
im kosmischen Tanz.
Die Meteorstaubspur
nimmt mich gefangen.
Tausendfache
Sternschnuppenwünsche
warten auf ihre
Erfüllung…

SCHLESISCHES HIMMELREICH

Es ist die Frage aller Fragen, die beinahe zwanghaft auftaucht, wenn man seinen Blick auf Schlesien richtet: „Was ist das – ein schlesisches Himmelreich?" Gemeint ist jenes etwas profane Gericht, das Urgroßmutter und Großmutter vor Zeiten zubereiteten, als außer Feld- und Gartenfrüchten kaum etwas vorhanden war, was die Mahlzeit bereichern konnte. Natürlich erinnern sich die Nachfahren daran. Doch jetzt, wo wir uns hier als Reisegruppe sozusagen „vor Ort" befinden, tauchen bei diesem oder jenem Zweifel ob der Richtigkeit der Erinnerung auf. Der erste kennt es so, der nächste wieder anders. Doch alle sind sich einig: Kartoffeln und Obst – mehr nicht! Mal Birnen, mal Äpfel evtl. auch Pflaumen.

Ich schaue in Laumanns „Reiseführer" und werde fündig: Kunststück – heute eine mit Fleisch zubereitete schlesische Spezialität! Was heißt: „… ein weit über die Grenzen Schlesiens hinaus bekanntes, herzhaftes Gericht aus Pflaumen, Birnen, Äpfeln und Rauchfleisch, das gern mit Semmelklößen serviert wird." Soviel sei schon einmal gesagt: In den fünf Tagen, die wir uns hier aufhalten, bekommen wir diese besondere Speise nicht zu Gesicht. Und trotzdem steht der Sinngehalt dieser zwei Worte im Raum.

Ich, die ich keine schlesischen Vorfahren habe, bin auf der Suche nach einem anderen „Schlesischen Himmelreich". Als poetisch bewanderter Mensch und Kennerin des „Friedrichshagener Dichterkreises" wandle ich auf den Spuren von Gerhart Hauptmann. Sein „Schlesisches Himmelreich" hieß „Agnetendorf", veredelt mit der besonderen Köstlichkeit „Haus Wiesenstein".

Am letzten Tag unserer Reise fahren wir mit dem Bus von Jelinia Gora – Hirschberg – auf das gewaltige Massiv des Riesengebirges zu. Vorbei an Wiesen und Feldern. Zum Teil sind sie abgemäht, zum Teil steht der Weizen noch in voller Pracht. Jetzt, an einem der heißesten Augusttage des Jahres 2015, scheint die Feldarbeit zu ruhen. Wir können es den Bauern nicht verdenken, dass sie sich irgendwo ein sonnengeschütztes Plätzchen gesucht haben. In unserem klimatisierten Bus lässt sich die Hitze ertragen. So genießen auch wir die Fahrt im Schatten des dichten Waldes Richtung Agnetendorf.

Der Ort gehört zur Gemeinde Jelinia Gora und liegt malerisch im Schneegrubenwassertal von mit Fichten, Birken, Eiben und anderen Baumarten bewaldeten Bergen eingeschlossen. Rechts der Straße plätschert ein kleiner Bach, darinnen glänzen feuchtnasse Felsensteine. Zwischen den Bäumen taucht immer wieder der Gipfel des Wahrzeichens Niederschlesiens, der Schneekoppe, auf. Und je näher wir Agnetendorf kommen, umso deutlicher sehen wir am Kamm die Schneegruben, das Hohe Rad, die Sturmhaube und andere markante Zeichen des Riesengebirges.

Später finde ich in dem fantasieanregenden Buch „Agnetendorf auf alten Postkarten" die Sätze: „Agnetendorf ist ohne Zweifel ein magischer Ort, der von einer mysteriösen Aura umhüllt ist, die durch die meditative Stille der nahen Fichtenwälder und die hohen Kuppeln des Riesengebirges noch sichtbarer wird. Es wundert also nicht, dass dieser Ort schon seit jeher Künstler anlockte, die hier entweder ein Refugium oder einen Leben spendenden Odem der unberührten Natur, und allem voran Inspiration suchten, die den meisten auch zuteil wurde."

Dass Gerhart Hauptmann gerade hier sein „Haus Wiesenstein" erbauen ließ, dürfte niemanden wundern. Doch das, was wir dann sehen, ist nicht einfach nur ein Haus. Es ist eine prachtvolle, fast pompöse, 1900/1901 im Jugendstil erbaute Villa – errichtet auf einem Granitfelsen inmitten einer Bergwiese. Umgeben von einer Parkanlage, in der der Dichter Ruhe und Muße finden konnte.

Ich gebe zu, wir sind schwer beeindruckt. Da gelingt es uns auch leichter, den Anstieg zu meistern, den der Dichter bis zu seinem Tode im 84. Lebensjahr auch irgendwie bewältigt haben muss. In unmittelbarer Nähe des Hauses steht die Marmorskulptur eines nackten Mädchens, der armlose Torso von Hannele, einer Figur aus Hauptmanns Werk „Hanneles Himmelfahrt". Auch das ein eindrucksvoller Empfang, der noch weit übertroffen wird von der Paradieshalle, die uns beim Betreten des Hauses gefangen nimmt. Die Wände ziert eine farbenprächtige Malerei mit Motiven, die von der Bibelgeschichte über figürliche Darstellungen aus Hauptmanns Leben und vor allem aus seinen Werken reicht.

Wir besichtigen das mit einer Reihe ursprünglicher Möbel ausgestattete untere Arbeitszimmer und stellen uns vor, wie der Dichter hier täglich am späten Nachmittag zwei Stunden lang am Schreibtisch sitzend oder majestätisch hin und her gehend seine Werke einer Schreibkraft diktierte. An Hand alter Fotos denken wir uns ein in die Bibliothek, das Musikzimmer, das Esszimmer der Familie und anderes. Wir freuen uns über seinen Spazierstock und die Schuhe ebenso wie über die Haarlocken der Familienmitglieder. Andächtig schauen wir uns die alten Filme aus den dreißiger und vierziger Jahren an – von einem Spaziergang mit Frau und Sohn im Park bis zur Beerdigung auf der Insel Hiddensee. Wir folgen Hauptmanns Worten, als er schon hochbetagt aus seiner Autobiografie liest.

Dieser Besuch hat seine eigenen Gesetze. Er ist mir um ein Vielfaches vertrauter geworden, dieser geniale Dichter. Nach meiner Rückkehr suche ich die Bücher heraus, die von und über Gerhart Hauptmann geschrieben wurden und die wir besitzen. Sie runden das Bild ab und regen mich an, dieses Erlebnis aufzuschreiben.

Für Gerhart Hauptmann war Agnetendorf mit dem Haus Wiesenstein, wie er sagte, „eine Burg zu Schutz und Trutz" vor dem regen gesellschaftlichen Leben, dem er sich immer wieder ausgesetzt fühlte; eine „mystische Schutzhülle" seiner Seele. Für mich ist dieser Ort, jetzt nachdem ich ihn sehen und kennenlernen konnte, im wahrsten Sinne des Wortes „Das schlesische Himmelreich". Und ich denke, dass ich damit dem großen Dichter sehr nahe bin.

ERNTEMOND

Wiegt König Wacholder
die Birke im Tanz
und im Korb der Bienen
ist Mummenschanz;

sind die Scheunen gefüllt
beim Bauern Franz
und hoch oben leuchtet
der Erntekranz;

wedeln träge Heidschnucken
vergnügt mit dem Schwanz
und Erika öffnet
die Blüten ganz:

dann – ja dann –
siehst du die Heide
im Spätsommerglanz!

Herbstliche Fantasien

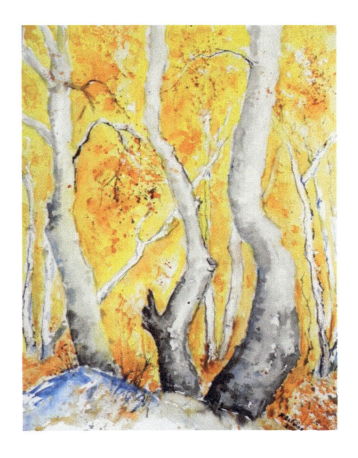

HERBSTMOND

SYMBIOSE

Ein Apfel
hängt am Pflaumenbaum,
Wunder nach Maß –
man glaubt es kaum.

Die Tanne
steht im Laubgewand,
Nadeln umrankt
vom Hopfenband.

Ein großer Pilz
mit Hut aus Moos.
Findiger Herbst –
was machst du bloß?

Fällt dir für mich
so gar nichts ein?
Dann schenk mir ein Herz
voll Sonnenschein.

IRISCHE KLIPPEN

Im Nebel versunken,
kaum Licht ringsumher.
Nur weit in der Ferne
rauscht leise das Meer.

Vom Spiel eine Auszeit
nimmt heut´ die Natur.
Sie schickt uns ein Märchen
in Moll und in Dur.

Siehst du jene Jungfrau?
Feucht schimmert das Haar.
Ihr Lied von der Rose
macht Göttliches wahr.

Die Klänge der Harfe,
so leicht und so schwer,
erhellen das Wunder
der Cliffs of Moher.

TINA
geschrieben im Jahr 2004

Es gibt Momente im Leben, die sich einbrennen in deine Seele. Noch nach Jahren wirst du das Feuer spüren, wenn die Erinnerung daran dich zu überwältigen droht. Zu tief war die Empfindung, als dass du sie leichthin abschütteln könntest. Du denkst zu träumen, möchtest versinken in der Vergangenheit und das Geschehene mit allen Sinnen neu erleben. Begleite mich auf eine Reise ins Reich der Fantasie und du wirst sehen, wie Einbildung und Wirklichkeit miteinander in einem unvergesslichen Bild zu verschmelzen beginnen...

Tage sind vergangen und doch erscheint es mir so, als wäre alles gestern erst gewesen. Den Raum hier um mich her will ich vergessen. Nur die Musik dringt leise an mein Ohr – das reine Spiel der Harfe. Schon kann ich sehen, wie die Finger einer Hand ganz leicht die Saiten zupfen. Dann höre ich die Stimme, diesen Klang. "The Cliffs of Moher". Es kann nicht sein, dass ich dies alles träume. Im Umschlag der CD steht es unauslöschbar schwarz auf weiß geschrieben: "All the best from Tina. Cliffs of Moher - 04."

Das unverwechselbare Lied der „Rose von Tralee" zieht mich zum fernen wildwüchsigen Land.

Zu jenen Klippen, wo wir uns begegneten – in dichten Nebel eingehüllt:

Vorsichtig nehme ich Stufe für Stufe. Die Luft ist feucht, der Wind zerzaust mein Haar. Was für ein plötzlicher klimatischer Wechsel! Vor kurzem im Tiefland noch grüne Wiesen, blauer Himmel und Sonnenschein, jetzt auf diesen Felsen nur Grau in Grau. Verborgen bleibt der Blick auf Ozean und Küste. Nur hören kann ich, wie tief unten wilde Brandung rauscht. Und mitten in dem Tosen erklingt fast märchenhaft ein Lied. Mit jedem Schritt komme ich diesem Wunder näher. Dann sehe ich eine verführerische Gestalt, sitzend auf rauem Gestein. Als Begleiterin das wunderbare Instrument, welches überall in der Welt auf Irland verweist, die Harfe. Wassertropfen glänzen wie Perlen in dunklem Haar. Das ist sie – Tina, irische Schönheit, die versonnen und anrührend das zauberhafte Lied „The Rose of Tralee" über den verdeckten Klippen erklingen lässt.

Selbst heute spüre ich die gleiche Vision, die mich in jenem Augenblick, als ich sie sah, von ungeahnten Gefühlen ergriffen, gefangen nahm. Wer bist du, geheimnisvolles Mädchen? Was tust du hier, inmitten von Sturm und Regen? Bist du dem Meer entstiegen oder mit der bizarren irischen Erde verwurzelt? Für immer möchte ich dich und deine Melodien in meinem tiefsten Inneren bewahren. Ich weiß, dass wir beide uns trennen müssen, doch deine Musik wird mich begleiten, mein Herz erwärmen und meine Seele erfüllen, wann immer ich will...

Die Harfe ist verstummt, der letzte Ton verklungen. Ich tauche auf aus meiner Versunkenheit und wische mir die Tränenschleier aus den Augen. Es ist, als könnte ich damit die irischen Klippen von den Nebelschleiern befreien. Ganz langsam kehre ich zurück in die Gegenwart und begreife: Die Cliffs of Moher – ich konnte sie zwar nicht mit meinen Augen sehen. Doch jenes Mädchen Tina hat sie so unvergesslich werden lassen, dass ich noch heute wachen Auges von ihren Felsen träumen kann.

Es gibt Momente im Leben, die sich einbrennen in deine Seele...

ALTWEIBERSOMMER

Zwischen heißem Sommer
und tristem Herbst

honigfarbige Tüpfel
auf blässlicher Haut

Spinnenfäden von Silberglanz
sorgsam versteckt

Sonnenstrahlen im Herzen
und Wärme im Blick –

ICH
schlage dem Alter
ein Schnippchen!

DER HERBST HAT NICHT NUR SCHÖNE TAGE –

eine tragikomische Geschichte
geschrieben im Jahr 2005

Wie in jedem Jahr stelle ich mich auch jetzt einer nervenaufreibenden Aufgabe. Mitte Oktober ist es an der Zeit, meine Herbst- und Wintergarderobe etwas gründlicher in Augenschein zu nehmen. Schon vorher erkläre ich meinem Mann, dass ich genau weiß, was mich erwartet: Der Schrank hängt voll und nichts passt! Zu seinem und meinem Glück sieht das Ergebnis dann allerdings ein klein wenig besser aus. Trotzdem gibt es genug Überflüssiges. Rigorose Trennung ist angesagt!

Schweren Herzens entscheide ich mich, liebgewordene und nach meiner Ansicht hochwertige Kleidungsstücke „abzustoßen". Einige sind inzwischen zu eng, andere zu weit. Bei manchen war auch der Kauf ein Missgriff. Natürlich werde ich darauf verzichten, der Verwandtschaft ein Angebot zu unterbreiten. Vor meinem geistigen Auge erscheinen die mitleidigen Blicke der Kinder und Enkel, mit denen sie mich und meine Gaben betrachten würden. Vielleicht, so überlege ich mir, kann ich einen kleinen Gewinn herausschlagen. Neue Kleidung ist verdammt teuer geworden. Von den anderen steigenden Ausgaben ganz zu schweigen. Ich sage nur „Gesundheitswesen"! Eigentlich müsste ich allein für Leistungen dieser Art den ganzen Inhalt meines Schrankes meistbietend versteigern. Und kaum ein Tag vergeht, an dem nicht weitere Kostensteigerungen angekündigt werden. Gleichzeitig wird die für das nächste Jahr vorausgesagte lächerliche Rentenerhöhung wieder gestrichen.

Wenn ich es also recht bedenke, wäre ein Zuschuss gar nicht so übel. In den Gelben Seiten finde ich einen „Secondhand-Shop", der bereit ist, sofort bar zu zahlen. Die freundliche Stimme am Telefon klingt vielversprechend. Immerhin haben wir auch etwas zu bieten. Selbstverständlich Herbst- und Winterbekleidung. Anderes hätte zur Zeit überhaupt keinen Sinn. Neben drei schwarzen Hosen und einem Rock aus Samt und Seide, einem Pullover und einer Herrenweste packen wir eine nagelneue, leider von Anfang an zu große Strickjacke, ein ebenso unbenutztes blassgrünes und damit farblich für mich ungeeignetes Schal- und Hut-Set sowie ein Paar drückende Schaftstiefel ein.

Und natürlich das Beste: Eine stilvolle Nerzjacke und eine dunkelbraune Stola aus glänzendem Zobelfell. Zwei bisher streng gehütete, doch im Kreis der Familie wenig geschätzte Erbstücke.

Mit schwer wiegendem Gepäck begeben wir uns an einem trüben Herbsttag auf die eineinhalbstündige „Reise" zum Secondhand-Shop quer durch Berlin. Fahrgeld für meinen Mann und mich hin und zurück: 8,- Euro. Eine nette Dame stürzt sich umgehend auf unsere Siebensachen, legt sofort interessiert die Strickjacke und das Set zur Seite und wir hören: „Die Herrenhose ist ziemlich groß, da kommt selten einer, der so etwas braucht... Die Samthose und den Rock kauft sowieso niemand... Die dritte Hose taugt nichts... Die Weste aus Polyacryl können wir keinem anbieten... Bei den Stiefeln sind die Absätze abgelaufen, aber immerhin ist das Leder schön weich... Der Pullover scheint zu heiß gewaschen... Pelze werden zwar gekauft, aber nicht von Deutschen. Das geht alles nach Polen...". Dann schiebt sie uns zwei Hosen, den Rock sowie die Weste wieder zu und sagt fast beiläufig: „ 20,- Euro!"

Zweimal muss ich nachfragen, bevor uns klar wird, dass damit der Geldbetrag für die gesamten übrigen Kleidungsstücke gemeint sein soll. Fassungslos weigern wir uns, dieser Dame vor allem die Pelze in den gierigen Rachen zu werfen. Was jetzt folgt ist ein Kommissionsangebot für die Nerzjacke mit einem Preis von 50,- Euro. Sie bekomme davon dann die Hälfte, hören wir auf unsere nun schon sehr misstrauische Frage. Voller

Empörung lehnen wir ab. In Sekundenschnelle pickt sich die gewiefte Geschäftsfrau als „Bonbons" die beiden neuwertigen Artikel heraus und drückt mir drei Geldstücke in die Hand. Alles Weitere übersieht sie.

Und wir?
Völlig perplex verlassen wir mit den anderen Sachen und dem gewaltigen Erlös von 3,-Euro!!! den Laden und stehen im wahrsten Sinne des Wortes im Regen. Meine Wut ist grenzenlos. Obwohl wir wenigstens die Pelze gerettet haben, fühle ich mich maßlos „über´s Ohr gehauen" und schimpfe wie ein Rohrspatz. Doch mein Mann kommentiert dieses aufschlussreiche Erlebnis mit ganzen zwölf Worten: „Der Herbst hat nicht nur schöne Tage. Man lernt eben nie aus!"

WEINMOND

Beeren am Rebenstock
Jäger im grünen Rock
Kampf mit dem Ziegenbock

Zauber im gold´nen Glanz
Wirbelnder Blättertanz
Trauben im Erntekranz

Stoppeln auf Bauernland
Kletten am Wiesenrand
Eicheln in Kinderhand

Singsang im Sturmgebraus
Hexenspuk um das Haus
Herbst spielt die Trümpfe aus

SCHEIN UND SEIN

Ein Kürbis, bisher Untertan,
setzt sich mit Macht zur Wehr.
Kommt nun im schönsten Größenwahn
als Bischofsmütze her!

VOGELPERSPEKTIVE

Was für eine munt´re Welt!
Möwen sitzen auf dem Feld.
Kormorane – welch ein Schreck,
scheuchen selbst die Fischer weg.
Frech wie Oskar, dieser Spatz,
nimmt am Frühstückstisch stets Platz.
Buntspecht ist hier schon bekannt,
klopft ein Loch in Nachbars Wand.

Vogelschwärme zieh´n am Himmel.
Andernorts herrscht noch Gewimmel
auf dem Telegrafenmast.
Selbst ein dünner kahler Ast
dient als Rastplatz vor der Reise.
Lebhafte Gezwitscher-Weise
bringt den wahren Star ans Licht.

Jeder ist darauf erpicht,
sich mit Lust hervorzutun.
Doch sollt´ niemand länger ruh´n,
der im Süden nimmt Quartier.
Jene Vögel bleiben hier,
die, ganz ohne sich zu schinden,
auch im Winter Futter finden.
Und, wenn´s die Natur nicht schafft,
hilft gewiss des Menschen Kraft.

SCHLAFLOSE NACHT

Im Warten auf den Schlaf
beginnt mein Zählen:

Eins – Zwei –
bald schon die Hundertunddrei –
Sechshundertundsieben
ist nicht übertrieben.

Wann endlich ist diese Nacht
mal vorbei?

Ich wandle auf traumhaften Wegen
und immer noch hör ich: Tropf – Tropf –
unbändiges Klopfen im Kopf:
spätherbstlicher Dauerregen!

Ein ewiges qualvolles Joch –
die Rinne am Dach hat ein Loch…

GESCHENKTE ZEIT

Geschenk
einer Stunde
Licht vom Abend
erhellt uns den Morgen
WINTERZEIT!

WINDMOND

Im grauen Nebel des November
ein Sonnenstrahl.
Herbstbunte Blätter
tanzen wie auf einem Seil
im Licht.
Ein Schauspiel
nur von kurzer Dauer –
dann zieht der Nebel
seinen Vorhang zu.

Der Wind mit Häme und Geduld
bläst Trübsal
in den Tag hinein.
Die Birke
lässt die Zweige hängen;
Ahorn und Haselnuss
schau´n müde drein.
Einsame Vögel
fliegen ohne Lust.

Verschlafene Novembertage.
Mensch und Natur
im Schatten
ihrer selbst.

ALLES WIRD GUT!

Morgen schon
wird der Nebel sich wandeln.
Der Maler kleckst Tupfen
auf´s düstere Grau.
Hässliche Disteln
werden verschwinden.
Der Gärtner pflanzt Blumen –
nur rosa und blau.

Morgen schon
werden Stürme sich legen.
Der Seemann lenkt sicher
das Schiff durch die Flut.
Sterne erhellen
die finsteren Nächte.
Bringen die Botschaft:
ALLES WIRD GUT!

Weihnachtliche Wunder

CHRISTMOND

Die Tage werden immer kürzer,
der Kälte Schauer weht ums Haus.
Ein unsichtbarer Finger schaltet
nachmittags schon die Sonne aus.

Des Menschen Sucht nach Licht und Wärme
stillt der Advent facettenreich.
Die Lämpchen eifern um die Wette
mit Kerzen, hell und warm zugleich.

Das Weihnachtsfest wirft seinen Schatten
auf Jung und Alt an jedem Ort.
Es ist ein Rennen und ein Jagen:
„Beschenken" heißt das Zauberwort.

Dann läuten silberhell die Glocken.
Es wird ganz friedlich weit und breit.
Die Menschen glauben an die Liebe:
ein Märchen – nur für kurze Zeit.

Die Tage werden jetzt schon länger –
lauter und greller sowieso.
Das, was vergangen, kehrt nicht wieder.
So mancher ist darüber froh!

Mit Hoffnung winkt des Jahres Ende,
ein neuer Anfang steht bevor.
Und wer das Märchen nicht vergessen,
spaziert wie Goldmarie durchs Tor.

WEIHNACHTSBOTSCHAFT

Ein Engel kommt zur Weihnachtszeit
mit Strahlenglanz im Haar
und einem weißen Seidenkleid –
fast wie im letzten Jahr.

Der kleine Engel lacht mich an,
die Augen hell wie Sterne.
Ich weiß noch, dass er sprechen kann
und hör´ ihn aus der Ferne:

„Das Weltall ist unendlich groß,
ich kann die Weite sehen.
Der Mensch darin ein Stäubchen bloß –
er kommt und wird vergehen.

Bescheidenheit, die steht ihm gut.
Zur Achtung seinesgleichen
gehören Treu und Edelmut." –
Ich nehm´ es als ein Zeichen.

„Der Mensch ist klein, das Weltall groß –
doch könnt ´er ewig leben:
Unsterblichkeit erringt er bloß
in würdevollem Streben."

Der kleine Engel strahlt mich an,
die Augen hell wie Sterne.
Ich weiß, dass ich ihm glauben kann
und winke aus der Ferne.

KOCHKUNST
geschrieben im Dezember 2004

Jedes Jahr, wenn Weihnachten in greifbare Nähe rückt, beginnt für mich die Zeit des Rotkohls. Zu keiner Gelegenheit schmeckt er so gut, wie an diesen Tagen. Und immer ist es so, als stände meine Mutter vor mir mit ihrem einzigartigen Rezept. Nicht zu feucht durfte der Rotkohl sein, mit ein wenig Schmalz, Zucker, gerösteten Zwiebel- und Apfelstücken verfeinert. Selbstverständlich leicht angebraten... Ich habe mir immer Mühe gegeben, jenen ganz speziellen Kniff ebenso so gut zu beherrschen. Und nicht nur das. Auch den Sauerbraten, der zu besonderen Anlässen mit Rotkohl und echten selbstgemachten Thüringer Klößen auf den Tisch kam, konnte niemand so schmackhaft zubereiten wie meine Mutter. Das Wichtigste daran war der Gewürzkuchen, dem ich später viele Jahre buchstäblich hinterher gelaufen bin.

Viel zu lange ist das alles her. Wann haben wir den letzten Sauerbraten kreiert? Ich kann mich kaum noch daran erinnern. Doch Mutters Art, dem Rotkohl seine eigene Note zu geben, die ist beständig geblieben. Und da er in unseren Augen ein Wintergemüse ist, essen wir ihn eben vor allem zu Weihnachten...

Oder müsste ich sagen „an" Weihnachten?

Das ist dann der Moment, an dem mein Mann mich freiwillig an den Kochtopf lässt. Schweren Herzens, wie ich meine, denn das Kochen ist absolut seine Domäne. Immer wieder versichere ich ihm, dass ich keinesfalls die Absicht habe, irgendeinen Konkurrenzkampf aufzunehmen. Seine Kochkunst ist und bleibt unübertroffen! Vor allem deshalb, weil er mit Liebe kocht.

Jeden Morgen höre ich die Frage: „Was willst Du heute essen?" Leider in schönster Regelmäßigkeit nach dem Frühstück. Zu dieser Zeit ist mein Magen gefüllt, so dass mir jeglicher Gedanke an Essen absolut unmöglich erscheint. Was hilft´s? Fordere ich also Angebote und irgendwie einigen wir uns auch. Bei meinem Mann ist alles drin: Entweder fertigt er seine Gerichte peinlich genau entlang der Regeln des Kochbuches, oder er entwickelt eigene Kreationen.

Zum Ersten gehören seine einmaligen Grünkernbouletten. Dabei scheut er sich keineswegs, die laut Rezept erforderlichen Mohrrüben in winzige Würfel zu schneiden, wozu mir bereits die Zeit zu schade wäre. Dafür genieße ich die fertigen Bouletten dann in aller Ruhe. Kreativ wird mein Mann vor allem, wenn es um Fischsuppe oder einen Zucchini-Mix geht. Immer wieder einmal frage ich nach dem Rezept, aber merken kann ich mir die Zubereitungsart ohnehin nicht. Wozu auch? Mein Mann kocht sowieso. Und da er den seit Jahrtausenden bewährten Spruch: „Liebe geht durch den Magen" auch bei größtem Stress nicht aus dem Auge verliert, bin ich bei ihm in den allerbesten Händen.

ICH WÄR' SO GERN DER WEIHNACHTSMANN...

Ich wär´ so gern der Weihnachtsmann,
mit langem weißen Bart.
Käm´ zu den Menschen groß und klein
auf meine eig´ne Art.

All das, was man nicht kaufen kann,
es geht mir durch den Sinn.
Friedfertigkeit und Zuversicht
bring´ als Geschenk ich hin.

Erst unlängst las ich einen Brief,
ob Lisa ihn wohl schrieb?
„Wann haben sich", fragt bang ein Kind,
„die Eltern wieder lieb?"

Toms Vater, der so viel gelernt,
kein Brotherr stellt ihn ein.
Mit mir im Amt als Weihnachtsmann
dürft´s nirgendwo so sein.

Ich hörte selbst Akims Gebet.
Wer sonst bringt ihm wohl Glück?
Sein Bein, das er im Krieg verlor,
ich gäb´ es ihm zurück.

Könnt´ man den Hunger und die Not
vertreiben von der Welt,
ich würd´ es tun und noch viel mehr,
was immer mir gefällt.

Das Fest steht nun schon vor der Tür.
Mich lässt der Traum nicht los:
Ich wär´ so gern der Weihnachtsmann –
ist dieser Wunsch zu groß?

EINE ETWAS ANDERE WEIHNACHTSGESCHICHTE

Wenn Bilder sprechen könnten…

Es ist die Geschichte einer Fotografie. Ich fand sie beinahe zufällig in der Kiste meiner Großmutter, die lange Zeit nach ihrem Tod über Umwege in meine Hände gelang. Es ist ein Foto unter vielen – ein wenig vergilbt und an den Ecken beschädigt. Inzwischen hat es schon mehr als hundert Jahre überdauert. Unter das Bild hat jemand mit schwarzer Tinte gut lesbar geschrieben „Weihnachten 1917".

Kriegsweihnachten. Das vierte nun schon. Während die Männer fernab der Heimat für Kaiser und Vaterland ihr Leben riskieren, versuchen die Frauen und Kinder so gut es geht zurecht zu kommen. Mit Rührung und innerer Beklemmung schaue ich mir das Bild an. Der Fotograf Otto Reinicke hat es in seinem Atelier in Leipzig-Paunsdorf aufgenommen. Die kleine Familiengruppe wurde Harmonie ausstrahlend platziert: Der Blick fällt auf eine in der Mitte stehende junge Frau. Es ist meine Großmutter im Alter von knapp 30 Jahren. Eine schöne Frau. Die nach hinten gekämmten Haare, auf anderen Fotos locker gewellt, geben ihr etwas sittlich Strenges, was die bis zum Hals geschlossene weiße Bluse und der schwarze Rock ausdrücklich unterstreichen. Sie wirkt schmal und irgendwie zerbrechlich, ihr Lächeln fast zaghaft.

Anders, denke ich mir, kann sich eine Frau, deren Mann im Krieg ist, auch nicht fotografieren lassen. Daneben die Kinder. Zwei Mädchen – Ellen, meine Mutter mit neun Jahren. Ruth – deren Schwester ist fünf Jahre alt. Ebenso sittsam gekleidet wie die Mutter. Beide gleich: mit dunklem Trägerrock und weißen langärmeligen, an Hals und Armen gerafften Blusen. Die langen Haare gebürstet mit einem geflochtenen Kranz um den Kopf und einer beinahe riesig wirkenden weißen Schleife darin. Man spürt beim Betrachten regelrecht den Willen, für den Vater alles perfekt erscheinen zu lassen. So, als wolle man ihm jegliche Sorge um die Lieben zu Haus nehmen. Rechts neben der Mutter sitzt Ruth auf einem Tischchen, Ellen steht links davor, mit gestellter Pose in einem Buch blätternd. Beide wirken scheu, ihr Blick ist wie fragend, das Lächeln nur ein wenig angedeutet.

Die Mutter wird den Mädchen gesagt haben, dass sie dem Vati, der Weihnachten nicht bei ihnen sein kann, mit diesem Foto eine ganz besondere Freude bereiten wollen.

Er, Carl Ihme, befindet sich zu jener Zeit in Königsberg/Ostpreußen. Als Zahlmeister wurde er den Fliegertruppen der Deutschen Wehrmacht zugeteilt. Die Luftwaffe ist im Umbau begriffen. General von Hindenburg, der Chef der Obersten Heeresleitung, verspricht sich davon den lang herbei geredeten Sieg. Die Jagdstaffeln sind im Kommen. Carl Ihme gehört zur Jasta 57, die im Dezember 1917 noch in der Fliegerbeobachterschule Königsberg stationiert ist. Er weiß vermutlich zu Weihnachten 1917 bereits, dass sich die Jagdstaffeln auf einen Einsatz an der Front vorbereiten. Beunruhigen will er seine Familie nicht. Wenigstens nicht im Hinblick auf die Gefahr, in die er sich begeben wird. Das hat ein Mann wie er im Verlaufe des Krieges nie getan. Vor 1917 nicht und auch später nicht. Dreihundertachtzehn Briefe und Karten hat sie erhalten, hält Margarete Ihme später in ihren Notizen fest.

Ich freue mich über jeden noch so kleinen Zettel, den ich finde. Nein, einen Brief an Frau und Kinder zu Weihnachten 1917 finde ich nicht. Und doch gibt es keinen Zweifel daran, dass Carl Ihme seiner Familie geschrieben hat. Mit der innigen Anrede „Mein liebes Herz, meine Herzens-Goldpuppen!", wie wir es in den vorhandenen Briefen lesen können.

Ich versuche, mir diese Kriegsweihnacht 1917 vorzustellen:
Wie Frau und Kinder am Weihnachtsabend eine Kerze anzünden und in Gedanken bei dem Vater sind. Wie die Mutter ihre eigene Traurigkeit verbirgt und die Mädchen mit den Worten: „Der Krieg ist bald aus, dann kommt der Vati wieder heim" zu trösten sucht. Wie sie alle tapfer gegen die Tränen ankämpfen und dann doch ihre kleinen Geschenke auspacken, die man sich in diesen kargen Zeiten gerade noch leisten kann. Ich stelle mir vor, wie die Männer in der Fliegerschule lautstark Witze reißen, die Bierkneipe aufsuchen und bemüht sind, Stärke zu zeigen. Bloß nicht wehmütig werden. Bloß nicht an die Lieben zu Hause

denken… Und doch wird dann zu später Stunde auch sie die Sehnsucht nach Frau und Kindern überwältigen.

Es ist der 19. Januar 1918, als die Heeresleitung den Abtransport der Fliegertruppen mit dem Ziel „Westfront" befiehlt. Weihnachten 1917 ahnen weder diese Männer noch ihre Frauen zu Hause, was ihnen dann bevorsteht: Einsatz an vorderster Front. Mittendrin in der Großen Schlacht von Frankreich und der Schlacht am Kemmel. Doch das Jahr 1918 bedeutet auch das Ende des Krieges und für diejenigen, die überleben und das Glück haben, nicht in Gefangenschaft zu geraten, ein künftiges Weihnachtsfest zu Hause. Ich habe keinen Zweifel daran, dass sich jeder von ihnen nichts sehnsüchtiger gewünscht haben wird, als dass es immer so bleiben möge.

ZUM GEDENKEN AN MEINEN GROSSVATER

Träumen
(Mel.: Es ist ein Reis.)

1. Einst schaut ich auf zum Himmel
In sternenklarer Nacht,
Sah in das hell Gewimmel
Des Weltalls glänzend Pracht
Und fing zu träumen an.
Was ich erlebt – gesehen,
Will ich erzählen dann.

2. Ganz anders war die Erde,
Nur Frieden, Glück und Freud.
Am Morgenhimmel klärte
Die neue schöne Zeit.
Kein Haß mehr auf der Welt,
Nicht Not und Elend, Kummer,
Vorbei die Jagd nach Geld.

3. Die Menschheit nicht gebunden
An Geist und an die Seel,
Der Götzendienst verschwunden,
Das Denken klar und Hell.
Kein Gott regiert die Welt;
Die Menschheit tut es selber,
Weil sie zusammenhält.

(Ihme)

Geschrieben von dem Proletarischen Freidenker
Carl Ihme zum Jahresende 1921 nach der Melodie
„Es ist ein Reis (Ros) entsprungen" (Text Originaldruck)

WEIHNACHT oder
FRIEDEN AUF ERDEN

Brennender Kerzen flackernder Schein
gaukelt mit Wärme und Licht,
Frieden in unsere Herzen hinein –
Weihnachtlich heilige Pflicht!

Gestern noch fand man Autos in Brand,
Bomben in Schächten, auf Gleisen.
Vergeblich bemüht, zu suchen im Land,
den Frieden besinnlicher Weisen.

Wo ist er, der Zug nie endender Kerzen,
entflammt in kraftvollem Schein,
zu dienen dem Frieden mit ganzem Herzen?
Was war, kann auch wieder so sein.

Wenn die Kerzen brennen am Weihnachtsbaum,
erinnern wir uns daran!
Der Frieden bleibt nicht nur ein ferner Traum,
tut ein jeder dafür, was er kann.

WEIHNACHTSRÜCKSCHAU

Als die Weihnachtsgans Auguste
noch reimend durch die Stube lief,
und Sänger Löwenhaupt im Fruste
als Lohengrin um Hilfe rief:
Da wussten alle weit und breit –
jetzt endlich ist es Weihnachtszeit!

Als Schöbels ihre Lieder sangen,
ganz in Familie wunderbar,
am dürren Baum die Kugeln hangen,
wie´s damals war so Jahr um Jahr:
Da wussten alle weit und breit –
jetzt endlich ist es Weihnachtszeit!

Als echte Kerzen angezündet
und Vater eine Rede hielt;
als „Frohe Weihnacht" man verkündet
und Opa den Knecht Ruprecht spielt:
Da wussten alle weit und breit –
jetzt endlich ist es Weihnachtszeit!

Als Mutters Rotkohl angebrannt
wie´s Sauerkraut bei Witwe Bolte,
und jeder ein Geschenk erstand,
das der Beschenkte gar nicht wollte:
Da wussten alle weit und breit –
jetzt endlich ist es Weihnachtszeit!

Als nach dem turbulenten Feste
dann endlich Ruhe eingekehrt,
und man vom Braten noch die Reste
und süßes Zeug en masse verzehrt:
Da wussten alle weit und breit –
es war ´ne tolle Weihnachtszeit!

HEILIG JEDER ABEND

Ein Kind ist geboren –
soll retten die Welt.
Am Heiligen Abend
wie´s Gott so gefällt.

Abend für Abend
wie´s Menschen gefällt
erblicken Kinder
das Licht der Welt.

Ein jedes von ihnen
muss retten die Welt.
Wart nicht auf den einen,
du bist es, der zählt.

Dagmar Neidigk/ Rosel Ebert

ZWISCHEN DEN JAHREN

Es scheint, dass die Feste
nicht immer gelungen,
doch hat noch ein jeder
die Übel bezwungen.

Bei „Zwischen den Jahren"
nach Sinndeutung suchen,
bringt ebenso wenig,
wie Mostrich im Kuchen.

D´rum laufen wir weiter,
erfüll´n uns´re Pflichten,
doch Wäsche aufhängen,
das tun wir mitnichten.

Die Geister, sie spuken
sonst böse im Hause.
Wir schau´n auf Silvester
und planen ´ne Sause…

JAHRESWECHSEL
geschrieben im Dezember 2004

Was machen wir Silvester? Eine Frage, die uns schon mindestens seit August eines jeden Jahres beschäftigt. Ach, was sage ich, „August?" Eigentlich ist Silvester noch gar nicht vorbei, da überlegen wir schon, wie es im nächsten Jahr sein könnte. Und natürlich soll alles mit viel weniger Stress einhergehen. Klar, wie sonst? Bloß nicht wieder so, wie im vorigen Jahr. Hilfe!!!

Wie war das doch? Zum Beispiel bei der Familie des Sohnes: Selbstverständlich übernahm Frank das Zusammenmixen der Bowle. So etwas kann nur er. Dem Wunsch der Familie entsprechend mit Ananas. Allerdings gleichzeitig mit so viel Schnaps, dass sie laufende Meter verdünnt werden musste. Zum Glück ist die Schwiegertochter einfallsreich wie kaum ein anderer und verfeinerte das Getränk mit Pfirsichen. Sonst wäre es wahrhaftig zu dünn gewesen! Alle kosteten und kosteten und – die Bowle reichte gerade mal so! Kritikempfindlich verzog sich der Vater an seinen Computer, während Mutter und Sohn vor dem Fernseher hingen und dabei Scrabble spielten. Die Mutter wollte an einem solchen Abend besonders nett sein und verlor. Knapp natürlich. Mitternacht erschien auch der Vater wieder. Jetzt wurde geknallt. Nein, keineswegs war Sohn Johannes bereit, auf einen solchen Höhepunkt zu verzichten. Pech auf der ganzen Linie: Der beste Knaller landete im Gully!

Da hatte es doch Tochter Judith lieber gleich vorgezogen, bereits am frühen Abend mit ihrem Freund zu verschwinden. Am nächsten Tag um 16.30 Uhr waren sie immer noch verschollen. Erst später erfuhren wir, dass Judith beim Verlassen der Party von einem Mädchen auf der Treppe mitgerissen wurde. Mit einem solchen Sturz fing das Jahr dann wahrhaftig nicht gut an…

Sabine und Mann feierten ausnahmsweise mit uns. Allerdings nur, weil sich die Freunde, bei denen sie eingeladen waren, fürchterlich verzankt hatten und sie für Steffi das Haus räumen mussten. Immerhin wollte die Tochter Gäste empfangen, die zum Leidwesen der Eltern am Neujahrstag nicht vor 14.30 Uhr verschwanden. Von dem Stress vorher ganz zu schweigen: Die Bowle ohne Schnaps schmeckte den Jugendlichen nicht, so dass der Vater gezwungen war, sie nach hochprozentiger Anreicherung am nächsten Tag zu „vernichten"! Trotz erheblicher Müdigkeit blieben die Jugendlichen bis 4.30 Uhr wach. Ab 9.00 Uhr morgens allerdings waren die Ruhe schon wieder vorbei und die Eltern doppelt bestraft: Wegen des

Lärms konnten sie nicht mehr schlafen, wegen des Dauerduschens nicht auf die Toilette der oberen Etage. Um 13.00 Uhr wurde „gefrühstückt". Selbstverständlich musste der Besuch dann zum Bahnhof gefahren werden... Doch Steffi sei glücklich, hörten wir noch vor einem Jahr. Heute allerdings würde sie nie und nimmer mehr eine Party bei sich zu Hause veranstalten wollen... Sohn Martin kroch um 4.30 Uhr mit einem schweren Kater und halb erfroren ins Bett. Er wollte unbedingt von seiner Feier mit dem Fahrrad nach Hause fahren. Doch an Schlafen war vorerst nicht zu denken. Dem Magen gefiel das Weizenbier überhaupt nicht...

Das reicht. Bei den anderen Familien schien es vermutlich ein wenig geordneter zuzugehen. Allerdings muss ich unbedingt noch erwähnen, dass mir vor einigen Tagen beim Aufräumen im Schrank meines Mannes ein weißes Hemd in die Hände fiel, das auf der Vorderseite von verdächtig vielen gelblichen Flecken verziert war. Meine Versuche, diese entfernen zu wollen, schlugen - selbst mit Entfärber – fehl. Erst nach längerem Nachdenken fiel mir ein, dass mein Mann sich beim Fondue-Essen der letzten Silvesterfeier von oben bis unten mit Öl bespritzt hatte. Zugegeben, es war alles etwas eng. Die Feier fand ausnahmsweise zusammen mit unseren Freunden bei meiner Schwester statt. Und dann noch die Tochter und ihr Mann! Da fehlte es schon an der nötigen Bewegungsfreiheit. Trotzdem gab es für Bekleckern keine zwingende Notwendigkeit. Und so zu tun, als sei nichts gewesen, schon gar nicht! Wie ich ein solches Ereignis aus dem Auge verlieren konnte, ist mir bis heute nicht klar. Tatsächlich war es meinem Mann gelungen, dieses Hemd fast ein Jahr lang vor mir zu verbergen...

Warten wir also ab, was uns in Kürze erwarten wird. Viel Zeit ist nicht mehr. Doch wie gesagt: Eine Feier muss sein!

EIN NEUES JAHR

Ein Jahr beginnt –
das Heute wird zum Gestern,
und der Kalender
fängt von Neuem an.
Sind auch die Jahre
artverwandt wie Schwestern,
so zeigt doch jedes Stund´ um Stunde
was es kann.

Ein Jahr beginnt –
das alte ist zu Ende.
Was es uns brachte
war nicht immer recht.
Kühn nehmen wir das Neue
in die Hände:
Wir sind die Herren
und das Jahr der Knecht!

Wir über uns

ROSEL EBERT

Geboren 1943 in Leipzig, lebt seit 1955 im Berliner Raum. Vor allem ihr nach 1990 erworbenes Diplom in Praktischer Psychologie und eine Weiterbildung zur Gruppenleiterin für Biografisches Schreiben haben die Beobachtungsgabe und Ausdrucksstärke der Autorin für im Detail liegende Besonderheiten des Lebens geschult, was in vielfältigen Gedichten, Geschichten und anderen literarischen Arbeiten zum Ausdruck kommt. Diverse Veröffentlichungen erfolgten bei BoD und im trafo-Verlag Berlin. Insbesondere: Bücher mit biografischem Hintergrund, unterhaltsame Sachbücher zur Charakterisierung zwischenmenschlicher Beziehungen, Märchenhaftes.
Soeben bei BoD erschienener Gedichtband gemeinsam mit Volker Krastel:
„(UN-)Menschliches – Zwiefache Fantasien".

KARIN ORTMANN

Geboren 1942 in Görlitz, ist seit 1976 in Berlin zu Hause. In vielfältigen Kursen und auf Malreisen sammelte sie Erfahrungen mit der Malerei und all ihren Aspekten.

Karin Ortmanns besondere Neigung gilt der durch Experimentieren und im Auseinandersetzen mit verschiedenen Maltechniken vervollkommneten Aquarellmalerei, die sich aus der Leidenschaft zum Zeichnen entwickelte.

Eine Auswahl der in mehreren Ausstellungen gezeigten umfangreichen Aquarellsammlung findet der Leser bei Rosel Ebert in „Rügen, Georg und ich".

Die Illustrationen in Rosel Eberts märchenhaften Büchern „Der Dorsch mit den Linsenaugen" sowie „Erdnuckelchen und Erdbuckelchen" widerspiegeln Karin Ortmanns Freude an fantasievollen Zeichnungen.